URSULA LAUSTER
SPIELE
Ausdauerspiele 2
für Kinder von 8 bis 9 Jahren

LENTZ

Inhalt

Liebe Eltern, liebe Lehrer,

die Fähigkeit, sich lange mit einer Sache zu beschäftigen und sie zu Ende zu führen, nennt man Ausdauer. Diese Fähigkeit wird von Grundschülern bis zu einem gewissen Grad erwartet und durch den regelmäßigen Unterricht weiter gefördert.

Oft aber sind es gerade die zu geringe Ausdauer und mangelndes Konzentrationsvermögen, die dem Kind das Lernen erschweren und seine schulische Leistung beeinträchtigen.

Das vorliegende Heft „Ausdauerspiele für Kinder von 8 bis 9 Jahren" hilft durch viele abwechslungsreiche Spiele, die Fähigkeit zu Ausdauer und Konzentration zu verbessern. In der spielerischen Auseinandersetzung lernt das Kind, sich mit einer Sache zu beschäftigen und sie zu Ende zu führen. Diese Spiele ermöglichen dem Kind immer neue Erfolgserlebnisse, denn die Spieldauer und der Schwierigkeitsgrad werden langsam und konstant gesteigert.

In den verschiedenen Spielen soll das Kind malen, dazumalen, ergänzen, zuordnen, zählen, vergleichen und raten. Zu fast jedem Spiel gibt es eine Lösung, die auf Seite 32 steht. So kann das Kind sein Ergebnis auch selbst kontrollieren.

Ein paar Tipps fürs gemeinsame Spielen mit dem Kind:

• Lassen Sie das Kind selbstständig arbeiten.

• Loben Sie das Kind so oft wie möglich. Ihr Lob und Interesse ermutigt es zu größerer Ausdauer.

• Lassen Sie das Kind so oft wie möglich Puzzles zusammensetzen. Beim Puzzlespiel werden die Fähigkeiten zu Ausdauer und Geduld besonders gefördert.

• Spielen Sie mit dem Kind Memory. Es fördert Konzentration und Durchhaltevermögen.

Ich hoffe, dass diese Spiele dem Kind viel Spaß machen werden und seine Fähigkeiten zu Ausdauer und Geduld verbessern.

Und nun — viel Erfolg!
Ihre

Ursula Lauster

© 2001 Lentz Verlag
in der F. A. Herbig Verlagsbuchhandlung GmbH, München
Illustrationen: Ursula Lauster
Lektorat: Ina Malonek
Satz: Walter Typografie & Grafik, Würzburg
Druck: Jos. C. Huber, Dießen
Printed in Germany
ISBN 3-88010-619-3

Gedruckt auf chlorfrei gebleichtem Papier

Liebe(r) _____,

schreib deinen Namen auf die Linie. Dieses Heft gehört nur dir. Es ist dein ganz persönliches Ausdauerspielbuch.

Weißt du, was Ausdauer ist? Es ist die Fähigkeit, ein Spiel oder eine Aufgabe, die man begonnen hat, auch wirklich zu beenden. Manchmal fällt dir das schwer, liebe(r) _____, nicht wahr? Ausdauer kann man aber üben. Dabei kann dir dieses Buch helfen.

In den vielen Spielen kannst du malen, dazumalen, Dinge vergleichen und zuordnen, raten und zählen. Die Spiele sind nicht schwer. Du kannst sie bestimmt allein und ohne Hilfe lösen. Du musst dich nur ein bisschen konzentrieren und dir sagen: Das schaff' ich! Für fast jedes Spiel gibt es eine Lösung. Sie steht immer auf Seite 32. Dort kannst du nachschauen, ob du das Spiel richtig gelöst hast.

Liebe(r) _____,

die Schildkröte, die du hier abgebildet siehst, heißt Harry. In dem Namen steckt ein Stück von dem Wort „Beharrlichkeit". Das ist genau das gleiche wie „Ausdauer". Harry, die Schildkröte, ist sehr langsam, aber sie besitzt genug Ausdauer, um ihr Ziel zu erreichen, in vielen kleinen Schritten. Wenn du die Spiele in diesem Heft durchgespielt hast, wirst du mehr von Harrys Eigenschaften besitzen: Geduld und Ausdauer.

Und nun viel Spaß beim Spielen!

Deine

Ursula Lauster

Die Lösungen stehen auf Seite 32.

Ein Puzzle aus vier Teilen

Die Zeichnung dieser vier Vögel wurde in ein vierteiliges Puzzle gegliedert. Welche vier Teile gehören zusammen? Schreib die entsprechende Zahl des Vogelbildes, zu dem sie gehören, in die Kästchen. Aber aufgepasst: Ein Teil passt zu keinem Vogelbild. Kreuze es an.

1 Taube

2 Kolibri

3 Zaunkönig

4 Meise

A = ☐

B = ☐

C = ☐

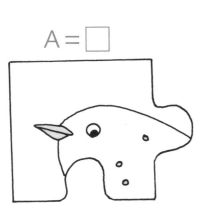 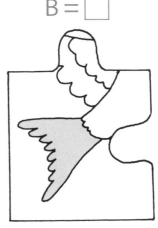 

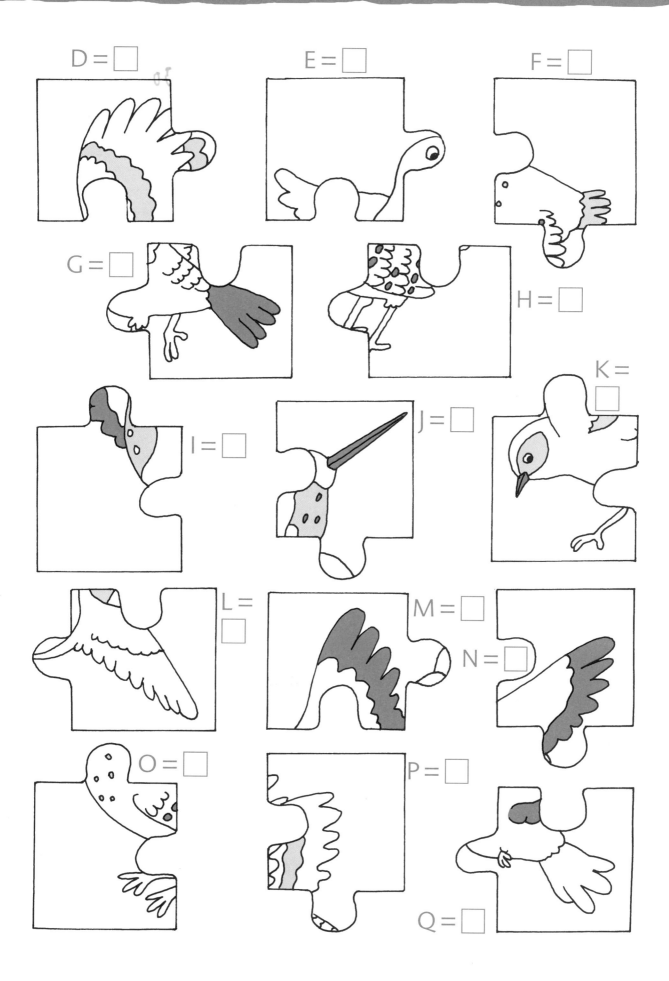

D = ☐　　E = ☐　　F = ☐

G = ☐

H = ☐

I = ☐　　J = ☐　　K = ☐

L = ☐　　M = ☐

N = ☐

O = ☐　　P = ☐

Q = ☐

Wie alt ist dieser Oldtimer (sprich: ouldteimer)? Zähl alle Zahlen zusammen, dann weißt du es. Schreib die Lösungszahl hier ins Kästchen: 30

Der erste Schmetterling ist vollständig. Bei jedem anderen fehlen zwei Kleinigkeiten. Findest du diese zwei Unterschiede? Kreuze sie mit einem Rotstift an. Für dieses Spiel habe ich auf Seite 32 keine Lösung angegeben. Du musst einfach so lange suchen, bis du beide Unterschiede gefunden hast.

Er hat zwar keine tausend Beinchen, doch man nennt ihn Tausendfüßer.
In Wirklichkeit ist er etwa so groß wie das Bild, das Harry dir zeigt.
Mal du im großen Bild die fehlenden Beinchen dazu,
so wie es beim ersten Beinpaar gezeichnet ist.
Lass keinen Punkt aus, sonst stimmt die Anzahl nicht!

Wie viele
Beinchen hat der
große Tausend-
füßer? Schreib es
hier auf:

Such den kürzesten Weg von Punkt A oben zu Punkt B unten. Der Weg kann wie bei einer Brücke oder einer Unterführung oben oder unten weitergehen. Nimm zuerst einen Bleistift, damit du falsche Linien wegradieren kannst. Mal deinen Weg zum Schluss farbig aus.

Das Käfer-Zählspiel

Auf dieser und der nächsten Seite krabbeln acht verschiedene Käfer herum.
Wie oft kommt jeder von ihnen vor? Schreib deine Lösungszahl
auf der nächsten Seite unten in die Kästchen.

Streich jeden Käfer,
den du gezählt hast,
durch. So ist das Zählen
leichter!

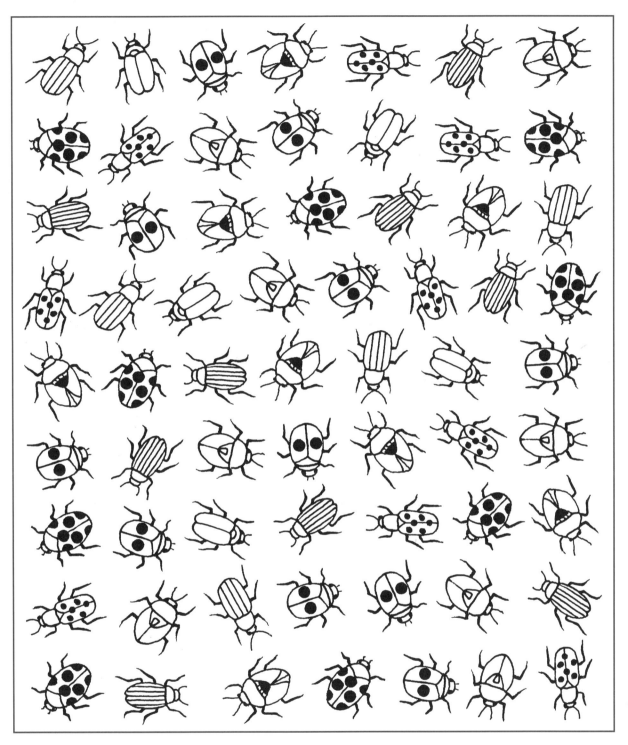

Diese acht verschiedenen Käfer gibt es:

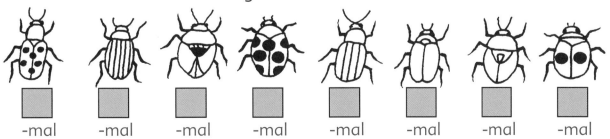

-mal   -mal   -mal   -mal   -mal   -mal   -mal   -mal

Start oder Fehlstart?

Startet die Rakete  oder hat sie einen Fehlstart? Mal die Zahlen und Sternchen in der vorgegebenen Folge in die Kästchen. Was kommt in den großen Kreis?

Wer frisst was?

Die Antwort auf diese Frage findest du, wenn du den Schlangenlinien folgst. Schreib den Lösungsbuchstaben des Beutetieres ins Kästchen über dem richtigen Vogel. Ein Vogel hat kein Jagdglück und geht leer aus. Mal in dieses Kästchen ein Kreuz.

a   b   c   d   e   f

Fisch oder kein Fisch?

Neben jeder Zahl stehen zwei Tiernamen. Nur einer von beiden ist ein Fisch.
Findest du das heraus? Streich das falsche Wort mit einem Rotstift weg.

1.	Aasgeier	Algenfresser	2.	Bachforelle	Bachstelze
3.	Blaumeise	Barbe	4.	Barsch	Brüllaffe
5.	Barrakuda	Borkenkäfer	6.	Blauhai	Blindschleiche
7.	Dornhai	Dromedar	8.	Dachs	Dorsch
9.	Elritze	Eichhörnchen	10.	Fledermaus	Flunder
11.	Garnele	Goldhamster	12.	Grasfrosch	Goldfisch
13.	Hornisse	Hecht	14.	Heilbutt	Heuschrecke
15.	Hermelin	Hering	16.	Igelfloh	Igelfisch
17.	Krokodil	Kabeljau	18.	Karpfen	Kakadu
19.	Lachs	Lachmöwe	20.	Lungenfisch	Leopard
21.	Maulwurf	Makrele	22.	Murmeltier	Marlin
23.	Muschel	Muräne	24.	Neunauge	Nashorn
25.	Piranha	Pavian	26.	Pelikan	Plötze
27.	Pollack	Papagei	28.	Robbe	Rotauge
29.	Spinne	Sägefisch	30.	Salm	Schwein
31.	Schellfisch	Schakal	32.	Schleie	Schaf
33.	Seeaal	Seehund	34.	Seepferdchen	Spatz
35.	Seezunge	Storch	36.	Sperber	Sprotte
37.	Stinktier	Stinkrochen	38.	Stör	Steinbock
39.	Tigerhai	Termite	40.	Tunfisch	Tukan
41.	Walross	Wels	42.	Zebra	Zander

Vergleiche nun
deine Fischnamen
mit der Lösungs-
seite, bevor
das eigentliche
Suchspiel beginnt.

All diese 42 Fischnamen sind im Kästchen auf der nächsten Seite versteckt.
Such sie waagerecht ⇔ und senkrecht ⇕. Findest du sie alle?

B	L	A	U	H	A	I	R	O	P	L	Ö	T	Z	E
A	B	A	R	B	E	P	O	L	L	A	C	K	O	T
R	O	T	A	U	G	E	C	I	K	L	P	E	S	I
R	S	T	Ö	R	E	F	T	U	N	F	I	S	C	H
A	L	G	E	N	F	R	E	S	S	E	R	E	H	E
K	U	M	L	D	O	R	N	H	A	I	A	E	L	I
U	N	A	R	M	A	K	R	E	L	E	N	P	E	L
D	G	R	I	G	E	L	F	I	S	C	H	F	I	B
A	E	L	T	K	A	R	P	F	E	N	A	E	E	U
E	N	I	Z	F	L	U	N	D	E	R	O	R	G	T
N	F	N	E	U	N	A	U	G	E	I	L	D	S	T
T	I	G	E	R	H	A	I	S	A	L	M	C	Ä	K
O	S	T	I	N	K	R	O	C	H	E	N	H	G	Z
S	C	H	E	L	L	F	I	S	C	H	N	E	E	A
O	H	E	R	I	N	G	H	E	C	H	T	N	F	N
G	U	P	P	Y	K	A	B	E	L	J	A	U	I	D
B	A	C	H	F	O	R	E	L	L	E	I	F	S	E
B	A	R	S	C	H	N	S	E	E	A	A	L	C	R
S	P	R	O	T	T	E	M	U	R	Ä	N	E	H	W
D	O	R	S	C	H	L	S	E	E	Z	U	N	G	E
E	I	S	Ü	M	F	E	L	T	R	I	N	D	E	L
A	G	O	L	D	F	I	S	C	H	L	A	C	H	S

Verdeckte Dreiecke

Wie viele Dreiecke siehst du hier abgebildet? Kreuze die richtige Lösungszahl an.
Es sind   a) 23   b) 25   c) 26   d) 28 Dreiecke.

Mal in jede Ecke der Dreiecke, die du siehst, einen roten Punkt.

Schreib ins Kästchen, wie viele rote Punkte du gemalt hast:

In den großen Perlen der Kette steckt ein Sprichwort. Der erste Buchstabe ist das W. Folge der Perlenschnur zum nächsten Buchstaben. Schreib die Buchstaben in die Kästchen.

Die zwei fehlenden Punkte

Bei zwei Figuren in jeder Reihe fehlt ein schwarzer Punkt.
Findest du diese zwei Stellen jedes Mal?

1 a b c d

Mal die fehlenden Punkte
mit einem Rotstift
dazu.

2 a b c d e

3 a b c d e f g h

4 a b c d e f g h

5 a b c d e f g h

6 a b c d e f g h

7 a b c d e f g h

8 a b c d e f g h

9 a b c d e f g h

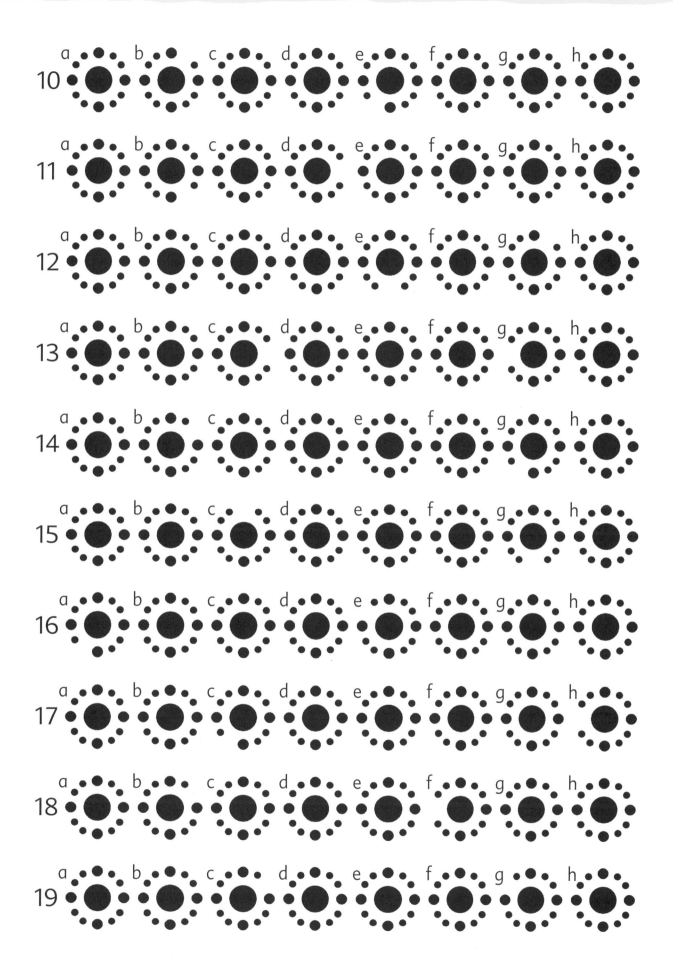

Die größte und die kleinste Zahl

Such in jeder Zahlenreihe die größte und die kleinste Zahl.

a

13 — 11 — 12 — 15 — 14

> Mal den Kreis mit der größten Zahl blau und den mit der kleinsten Zahl gelb an.

b

23 — 27 — 26 — 24 — 25

c

35 — 32 — 36 — 34 — 33

d

44 — 40 — 42 — 45 — 38 — 41 — 39 — 43

e

49 — 47 — 51 — 48 — 46 — 50 — 53 — 52

f

60 — 54 — 57 — 59 — 55 — 58 — 56 — 61

g

66 — 64 — 69 — 62 — 67 — 65 — 68 — 63

h

73 — 71 — 76 — 74 — 70 — 75 — 77 — 72

i

81 — 84 — 80 — 83 — 79 — 85 — 82 — 78

j

91 — 89 — 93 — 90 — 87 — 92 — 88 — 86

k

96 — 101 — 99 — 98 — 95 — 97 — 100 — 94

Fortsetzung: Die größte und die kleinste Zahl

l
(107)–(110)–(104)–(106)–(108)–(103)–(109)–(105)

m
(113)–(116)–(118)–(114)–(117)–(112)–(115)–(119)

n
(122)–(127)–(125)–(128)–(121)–(124)–(123)–(126)

o
(132)–(137)–(139)–(131)–(135)–(130)–(133)–(138)

p
(144)–(147)–(142)–(146)–(143)–(145)–(141)–(148)

q
(158)–(153)–(157)–(154)–(151)–(159)–(155)–(152)

r
(162)–(161)–(167)–(166)–(163)–(165)–(160)–(164)

s
(170)–(173)–(169)–(175)–(171)–(174)–(172)–(168)

t
(184)–(179)–(181)–(178)–(180)–(182)–(183)–(177)

u
(192)–(187)–(191)–(186)–(193)–(188)–(185)–(189)

v
(197)–(200)–(194)–(198)–(196)–(201)–(195)–(199)

Zwei gleiche Tiger?

Zwischen den beiden Zeichnungen des Tigers sollst du 25 Unterschiede suchen. Findest du sie alle? Du musst die zwei Bilder ganz genau vergleichen. Kreuze die Fehler im rechten Bild an.

Lauster, Ausdauerspiele 2

Kreuze in diesem Bild die 25 Unterschiede an. Gib nicht auf, bevor du alle gefunden hast! Die Zeit spielt dabei keine Rolle.

Nimm einen Bleistift und zeichne diese Blume ins leere Karofeld unten.

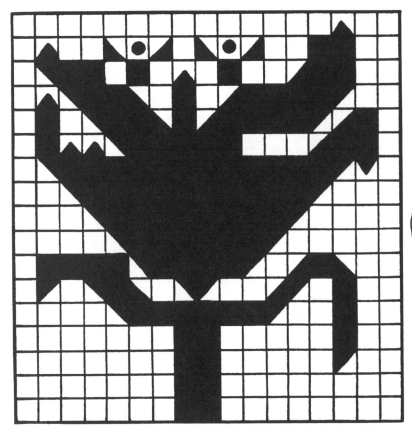

Fang beim Stängel der Blume an. Zähl die Kästchen genau ab, bevor du sie ausmalst.

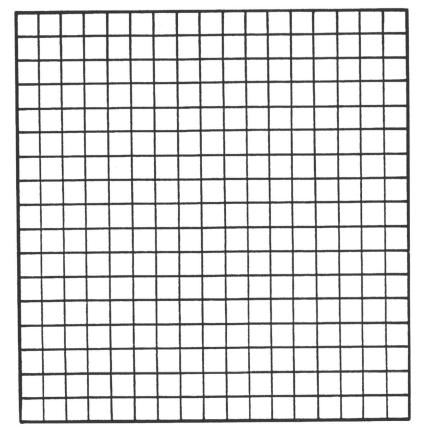

Die lange Kettenaufgabe

Kannst du diese lange Kettenaufgabe lösen? Schreib die Zwischenergebnisse in die leeren Kästchen. Lese die Rechnung immer aus der Richtung, aus der du kommst; in der zweiten Zeile dann also von rechts nach links!
Welche Lösungszahl steht bei dir in der Mitte?

Die Lösungszahl muss kleiner als 10 und größer als 4 sein!

6 + 4   5 =

=   :   + 9 =

= 4 :   = 2 −   = 3 ·   = 5 −

+   ·   = 5 −   = 3 ·   = 10

10   6   :

=   =   +   = 7 :   = 1

  9   +   =

  =   = 8   6

:   :   :   = 19

7   4   +

=   =   6 =   · 20 =   +   =

·   +   3

9   18 =   : 8 =   − 2 =   :

=   =

  · 5   10 =   : 5   1

−   =   =   ·   −   =   =   +

6   3   ·   20   8

=   :   : 2 =   =   :   · 7 =

Das Bilder-ABC

Für jeden Buchstaben des Alphabets steht ein bestimmtes Bild. Du sollst herausfinden, wie die zwölf Wörter, die auf der nächsten Seite als Bilder zu sehen sind, heißen. Ein Buchstabe fehlt in jedem Wort. Errätst du ihn? Schreib die zwölf Wörter hier auf die Linien.

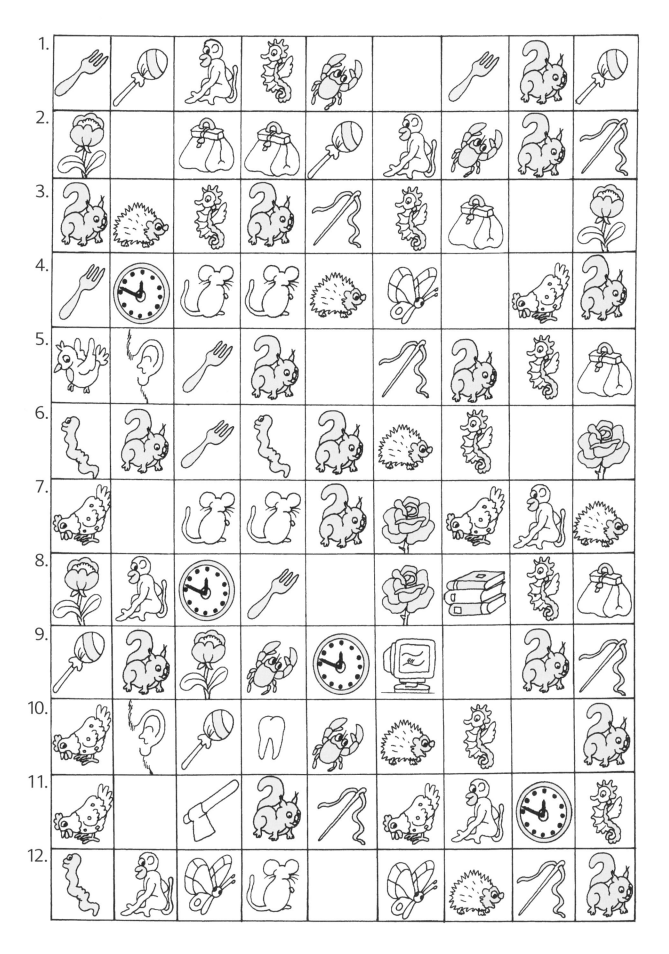

Mal dieses Buntspechtpärchen in
seinen natürlichen Farben aus. Jede
Zahl steht für eine bestimmte Farbe.
Felder ohne Zahl bleiben weiß.

1 = hellgelb
2 = rot
3 = hellbraun
4 = braun
5 = hellgrau
6 = grau
7 = schwarz

In diesem Bilderrätsel ist der letzte Buchstabe des einen Wortes der erste Buchstabe des nächsten Wortes. Mit Vogel (1) fängt das Spiel an. Gesucht ist nun das Wort, das mit L beginnt. Es bekommt die Zahl 2. Schreib die Zahlen in die Kästchen und die Rätselwörter auf die Linien.

1. Vogel – 2. L

Die Rätselwörter werden nur in der Einzahl verwendet, nicht in der Mehrzahl!

Drei Silben sind ein Wort

Hier sollst du drei Silben zu einem Wort zusammensetzen. Doch in jeder Zeile passt eine Silbe nicht dazu. Streich sie weg. Schreib das Lösungswort auf die Linie.

Probier alle Silben durch, indem du sie zusammensetzt. Dann merkst du, welche Silbe nicht passt.

1   ER   EI   HUF   SEN   =

2 NAPF   DE   KU   HUN   =

3   KÜ   BER   STUHL CHEN =

4 ROLL   PE   SCHUH TREP =

5   EIN   PE   TROM   TE   =

6   GEI   WEHR   ER   FEU   =

7   TE   KLEI   TAUF   PA   =

8   TOF   TEU   FEL   KAR   =

9 TRAU   WEIN   FLA   BEN   =

10 DEL   TER   STECK   NA   =

11 NO   BUCH   BEL   TIZ   =

Hier wurde der kleine Vogel, den du unten rechts siehst, in 20 Teilschritten
gemalt, immer ein Stückchen dazu. Ordne die Bilder durch Zahlen von 1 bis 20.
Fang mit dem Bild, auf dem am wenigsten zu sehen ist, an. Schreib die Zahlen in
die Kästchen.

Lauster, Ausdauerspiele 2

Lösungen

Seite 4: In den Kästchen muss stehen: A = 3, B = 2, C = 1.

Seite 5: Das Teil, das nicht passt, ist M. In den Kästchen muss stehen: D = 4, E = 2, F = 3, G = 4, H = 3, I = 1, J = 2, K = 4, L = 2, N = 1, O = 3, P = 4, Q = 1.

Seite 6: Der Oldtimer ist 48 Jahre alt.

Seite 8: Der Tausendfüßer hat 46 Beinchen.

Seite 9:

Seite 10/11: Käfer 1 = 16-mal, 2 = 16-mal, 3 = 15-mal, 4 = 17-mal, 5 = 13-mal, 6 = 12-mal, 7 = 16-mal, 8 = 19-mal.

Seite 12: Im Kreis muss ein Sternchen sein. Die Rakete startet also.

Seite 13: 1 = c, 2 = d, 3 = b, 5 = f, 6 = a. Vogel Nummer 4 hat kein Glück = nichts.

Seite 14/15: 1. Algenfresser, 2. Bachforelle, 3. Barbe, 4. Barsch, 5. Barrakuda, 6. Blauhai, 7. Dornhai, 8. Dorsch, 9. Elritze, 10. Flunder, 11. Garnele, 12. Goldfisch, 13. Hecht, 13. Heilbutt, 15. Hering, 16. Igelfisch, 17. Kabeljau, 18. Karpfen, 19. Lachs, 20. Lungenfisch, 21. Makrele, 22. Marlin, 23. Muräne, 24. Neunauge, 25. Piranha, 26. Plötze, 27. Pollack, 28.Rotauge, 29. Sägefisch, 30. Salm, 31. Schellfisch, 32. Schleie, 33. Seeaal, 34. Seepferdchen, 35. Seezunge, 36. Sprotte, 37. Stinkrochen, 38. Stör, 39. Tigerhai, 40. Tunfisch, 41. Wels, 42. Zander.

Seite 16: Es sind 25 Dreiecke (b). Du hast 56 rote Punkte in die Dreiecksspitzen malen können.

Seite 17: Das Sprichwort heißt: Was lange währt (= dauert), wird endlich gut.

Seite 18/19: Hier fehlen die schwarzen Punkte: 1 b und d, 2 a und c, 3 b und f, 4 b und f, 5 f und h, 6 a und f, 7 c und f, 8 d und h, 9 a und h, 10 b und e, 11 b und d, 12 e und g, 13 c und g, 14 b und g, 15 c und g, 16 a und e, 17 c und h, 18 b und f, 19 c und g.

Seite 20/21: Die größten Zahlen sind: a = 15, b = 27, c = 36, d = 45, e = 53, f = 61, g = 69, h = 77, i = 85, j = 93, k = 101, l = 110, m = 119, n = 128, o = 139, p = 148, q = 159, r = 167, s = 175, t = 184, u = 193, v = 201. Die kleinsten Zahlen sind: a = 11, b = 23, c = 32, d = 38, e = 46, f = 54, g = 62, h = 70, i = 78, j = 86, k = 94, l = 103, m = 112, n = 121, o = 130, p = 141, q = 151, r = 160, s = 168, t = 177, u = 185, v = 194.

Seite 22/23:

Seite 25: Die Lösungszahl ist 5.

Seite 26/27: Die Bilderwörter lauten: 1. Glaskugel, 2. Bettlaken, 3. Eisenstab, 4. Gummischuhe, 5. Vogelnest, 6. Wegweiser, 7. Hammerhai, 8. Baugerüst, 9. Lebkuchen, 10. Holzkiste, 11. Hexenhaus, 12. Waschmaschine.

Seite 29: Die Rätselwörter sind: 1. Vogel, 2. Lampe, 3. Eimer, 4. Reh, 5. Herz, 6. Zebra, 7. Auto, 8. Orden, 9. Nuss, 10. Salat, 11. Turm, 12. Maulwurf.

Seite 30: 1. Hufeisen, 2. Hundenapf, 3. Küchenstuhl, 4. Rolltreppe, 5. Trompete, 6. Feuerwehr, 7. Taufpate, 8. Kartoffel, 9. Weintrauben, 10. Stecknadel, 11. Notizbuch.

Seite 31: In den Kästchen muss in der ersten Reihe stehen: 7, 3, 15, 12 — in der zweiten: 18, 14, 2, 8 — in der dritten: 4, 9, 19, 6 — in der vierten: 16, 1, 13, 10 — und in der letzten: 11, 5, 17, 20.